THE NEW SIDDUR PROGRAM
FOR HEBREW AND HERITAGE

CONSERVATIVE EDITION

COMPANION SIDDUR

COMMENTARY BY JULES HARLOW

BEHRMAN HOUSE

EDITORS:
Roberta Osser Baum
Ruby G. Strauss
Ellen Rank

BOOK DESIGN:
Itzhack Shelomi

COVER DESIGN:
Robert J. O'dell

ILLUSTRATION:
Erika Weihs

CONTENTS

I

PRELIMINARY PRAYERS

בִּרְכוֹת הַשַּׁחַר

בָּרוּךְ שֶׁאָמַר

בִּרְכוֹת הַשַּׁחַר

These blessings express our gratitude for the renewal of each day.

1 בָּרוּךְ אַתָּה יְיָ אֱלֹהֵינוּ מֶלֶךְ הָעוֹלָם,

2 אֲשֶׁר נָתַן לַשֶּׂכְוִי בִינָה לְהַבְחִין בֵּין יוֹם וּבֵין לָיְלָה.

3 בָּרוּךְ אַתָּה יְיָ אֱלֹהֵינוּ מֶלֶךְ הָעוֹלָם, שֶׁעָשַׂנִי בְּצַלְמוֹ.

4 בָּרוּךְ אַתָּה יְיָ אֱלֹהֵינוּ מֶלֶךְ הָעוֹלָם, שֶׁעָשַׂנִי יִשְׂרָאֵל.

5 בָּרוּךְ אַתָּה יְיָ אֱלֹהֵינוּ מֶלֶךְ הָעוֹלָם,

6 שֶׁעָשַׂנִי בֶּן־(בַּת־)חוֹרִין.

7 בָּרוּךְ אַתָּה יְיָ אֱלֹהֵינוּ מֶלֶךְ הָעוֹלָם, פּוֹקֵחַ עִוְרִים.

8 בָּרוּךְ אַתָּה יְיָ אֱלֹהֵינוּ מֶלֶךְ הָעוֹלָם, מַלְבִּישׁ עֲרֻמִּים.

9 בָּרוּךְ אַתָּה יְיָ אֱלֹהֵינוּ מֶלֶךְ הָעוֹלָם, מַתִּיר אֲסוּרִים.

10 בָּרוּךְ אַתָּה יְיָ אֱלֹהֵינוּ מֶלֶךְ הָעוֹלָם, זוֹקֵף כְּפוּפִים.

11 בָּרוּךְ אַתָּה יְיָ אֱלֹהֵינוּ מֶלֶךְ הָעוֹלָם,

12 רוֹקַע הָאָרֶץ עַל הַמָּיִם.

13 בָּרוּךְ אַתָּה יְיָ אֱלֹהֵינוּ מֶלֶךְ הָעוֹלָם,

14 שֶׁעָשָׂה לִי כָּל־צָרְכִּי.

15 בָּרוּךְ אַתָּה יְיָ אֱלֹהֵינוּ מֶלֶךְ הָעוֹלָם,

16 הַמֵּכִין מִצְעֲדֵי־גָבֶר.

17 בָּרוּךְ אַתָּה יְיָ אֱלֹהֵינוּ מֶלֶךְ הָעוֹלָם,

18 אוֹזֵר יִשְׂרָאֵל בִּגְבוּרָה.

19 בָּרוּךְ אַתָּה יְיָ אֱלֹהֵינוּ מֶלֶךְ הָעוֹלָם,

20 עוֹטֵר יִשְׂרָאֵל בְּתִפְאָרָה.

21 בָּרוּךְ אַתָּה יְיָ אֱלֹהֵינוּ מֶלֶךְ הָעוֹלָם,

22 הַנּוֹתֵן לַיָּעֵף כֹּחַ.

We express our gratitude for holiness.

1 אַתָּה הוּא עַד שֶׁלֹּא נִבְרָא הָעוֹלָם,

2 אַתָּה הוּא מִשֶּׁנִּבְרָא הָעוֹלָם,

3 אַתָּה הוּא בָּעוֹלָם הַזֶּה וְאַתָּה הוּא לָעוֹלָם הַבָּא.

4 קַדֵּשׁ אֶת־שִׁמְךָ עַל מַקְדִּישֵׁי שְׁמֶךָ,

5 וְקַדֵּשׁ אֶת־שִׁמְךָ בְּעוֹלָמֶךָ.

6 וּבִישׁוּעָתְךָ תָּרִים וְתַגְבִּיהַּ קַרְנֵנוּ.

7 בָּרוּךְ אַתָּה יְיָ מְקַדֵּשׁ אֶת־שִׁמְךָ בָּרַבִּים.

בָּרוּךְ שֶׁאָמַר

This introductory passage to פְּסוּקֵי דְזִמְרָה (Passages of Song) praises our eternal, compassionate Creator whose mercy embraces the world and all creatures.

1 בָּרוּךְ שֶׁאָמַר וְהָיָה הָעוֹלָם, בָּרוּךְ הוּא.

2 בָּרוּךְ עוֹשֶׂה בְרֵאשִׁית, בָּרוּךְ אוֹמֵר וְעוֹשֶׂה,

3 בָּרוּךְ גּוֹזֵר וּמְקַיֵּם, בָּרוּךְ מְרַחֵם עַל הָאָרֶץ,

4 בָּרוּךְ מְרַחֵם עַל הַבְּרִיּוֹת,

5 בָּרוּךְ מְשַׁלֵּם שָׂכָר טוֹב לִירֵאָיו,

6 בָּרוּךְ חַי לָעַד וְקַיָּם לָנֶצַח,

7 בָּרוּךְ פּוֹדֶה וּמַצִּיל, בָּרוּךְ שְׁמוֹ.

8 בָּרוּךְ אַתָּה יְיָ אֱלֹהֵינוּ מֶלֶךְ הָעוֹלָם,

9 הָאֵל, הָאָב הָרַחֲמָן, הַמְהֻלָּל בְּפִי עַמּוֹ,

10 מְשֻׁבָּח וּמְפֹאָר בִּלְשׁוֹן חֲסִידָיו וַעֲבָדָיו.

11 וּבְשִׁירֵי דָוִד עַבְדֶּךָ נְהַלֶּלְךָ יְיָ אֱלֹהֵינוּ,

12 בִּשְׁבָחוֹת וּבִזְמִירוֹת, נְגַדֶּלְךָ וּנְשַׁבֵּחֲךָ וּנְפָאֶרְךָ

13 וְנַזְכִּיר שִׁמְךָ וְנַמְלִיכְךָ מַלְכֵּנוּ אֱלֹהֵינוּ,

14 יָחִיד חֵי הָעוֹלָמִים,

15 מֶלֶךְ מְשֻׁבָּח וּמְפֹאָר עֲדֵי עַד שְׁמוֹ הַגָּדוֹל.

16 בָּרוּךְ אַתָּה יְיָ מֶלֶךְ מְהֻלָּל בַּתִּשְׁבָּחוֹת.

II

THE SHEMA AND ITS BLESSINGS

בָּרְכוּ

בָּרְכוּ is a call to public worship. (A minimum of ten adults, a *minyan*, is required for public prayer.) The Leader of the service bows and chants "Let us praise the Lord, Source of blessing," inviting the congregation to join in prayer. The congregation responds "Praised be the Lord, Source of Blessing, throughout all time." As we say the word בָּרוּךְ we bow, and rise as we say *Adonai*. בָּרְכוּ helps us prepare our thoughts and hearts for prayer.

1 בָּרְכוּ אֶת־יְיָ הַמְבֹרָךְ.

2 בָּרוּךְ יְיָ הַמְבֹרָךְ לְעוֹלָם וָעֶד.

בִּרְכַּת יוֹצֵר אוֹר

We recite two blessings before קְרִיאַת שְׁמַע. The first blessing is בִּרְכַּת יוֹצֵר אוֹר. In it we praise God for the gift of Creation. Here are selections from this very long blessing.

1 בָּרוּךְ אַתָּה יְיָ אֱלֹהֵינוּ מֶלֶךְ הָעוֹלָם, יוֹצֵר אוֹר

2 וּבוֹרֵא חֹשֶׁךְ עֹשֶׂה שָׁלוֹם וּבוֹרֵא אֶת־הַכֹּל.

3 הַכֹּל יוֹדוּךָ, וְהַכֹּל יְשַׁבְּחוּךָ, וְהַכֹּל יֹאמְרוּ:

4 אֵין קָדוֹשׁ כַּיְיָ. הַכֹּל יְרוֹמְמוּךָ סֶּלָה, יוֹצֵר הַכֹּל,

5 הָאֵל הַפּוֹתֵחַ בְּכָל־יוֹם דַּלְתוֹת שַׁעֲרֵי מִזְרָח,

6 וּבוֹקֵעַ חַלּוֹנֵי רָקִיעַ, מוֹצִיא חַמָּה מִמְּקוֹמָהּ

7 וּלְבָנָה מִמְּכוֹן שִׁבְתָּהּ, וּמֵאִיר לָעוֹלָם כֻּלּוֹ

8 וּלְיוֹשְׁבָיו שֶׁבָּרָא בְּמִדַּת רַחֲמִים.

9 הַמֵּאִיר לָאָרֶץ וְלַדָּרִים עָלֶיהָ בְּרַחֲמִים, וּבְטוּבוֹ

10 מְחַדֵּשׁ בְּכָל־יוֹם תָּמִיד מַעֲשֵׂה בְרֵאשִׁית....

11 אֵין כְּעֶרְכְּךָ יְיָ אֱלֹהֵינוּ בָּעוֹלָם הַזֶּה,

12 וְאֵין זוּלָתְךָ מַלְכֵּנוּ לְחַיֵּי הָעוֹלָם הַבָּא.

13 אֶפֶס בִּלְתְּךָ גּוֹאֲלֵנוּ לִימוֹת הַמָּשִׁיחַ,

14 וְאֵין דּוֹמֶה לְךָ מוֹשִׁיעֵנוּ לִתְחִיַּת הַמֵּתִים.

בִּרְכַּת יוֹצֵר אוֹר

We recite the blessing בִּרְכַּת יוֹצֵר אוֹר every morning. On Shabbat we add a poem called אֵל אָדוֹן. It celebrates God as Creator, and portrays all parts of creation singing God's praise. Here is part of the poem.

15 אֵל אָדוֹן עַל כָּל־הַמַּעֲשִׂים,
בָּרוּךְ וּמְבֹרָךְ בְּפִי כָּל־נְשָׁמָה.
16 גָּדְלוֹ וְטוּבוֹ מָלֵא עוֹלָם,
דַּעַת וּתְבוּנָה סוֹבְבִים אוֹתוֹ.
17 הַמִּתְגָּאֶה עַל חַיּוֹת הַקֹּדֶשׁ,
וְנֶהְדָּר בְּכָבוֹד עַל הַמֶּרְכָּבָה.
18 זְכוּת וּמִישׁוֹר לִפְנֵי כִסְאוֹ,
חֶסֶד וְרַחֲמִים לִפְנֵי כְבוֹדוֹ.
19 טוֹבִים מְאוֹרוֹת שֶׁבָּרָא אֱלֹהֵינוּ,
יְצָרָם בְּדַעַת בְּבִינָה וּבְהַשְׂכֵּל.
20 כֹּחַ וּגְבוּרָה נָתַן בָּהֶם,
לִהְיוֹת מוֹשְׁלִים בְּקֶרֶב תֵּבֵל...

We praise our Creator – who renews creation daily – for the gift of light, and we pray for a new radiance in Zion. Here are the last words of this long blessing.

21 אוֹר חָדָשׁ עַל צִיּוֹן תָּאִיר, וְנִזְכֶּה כֻלָּנוּ
22 מְהֵרָה לְאוֹרוֹ. בָּרוּךְ אַתָּה יְיָ יוֹצֵר הַמְּאוֹרוֹת.

בִּרְכַּת אַהֲבָה רַבָּה

This is the second blessing before קְרִיאַת שְׁמַע. In this blessing we praise God for the gift of Torah which is a sign of God's love. The first words of this blessing mean "deep (great) love." As we thank God, we pray that we will continue to be as worthy of God's loving gifts as were our ancestors. We ask God to help us understand Torah. We know that it is a gift which we must study. We pray for the wisdom to apply its lessons to our lives.

1 אַהֲבָה רַבָּה אֲהַבְתָּנוּ, יְיָ אֱלֹהֵינוּ,

2 חֶמְלָה גְדוֹלָה וִיתֵרָה חָמַלְתָּ עָלֵינוּ.

3 אָבִינוּ מַלְכֵּנוּ, בַּעֲבוּר אֲבוֹתֵינוּ שֶׁבָּטְחוּ בְךָ

4 וַתְּלַמְּדֵם חֻקֵּי חַיִּים, כֵּן תְּחָנֵּנוּ וּתְלַמְּדֵנוּ.

5 אָבִינוּ הָאָב הָרַחֲמָן, הַמְרַחֵם, רַחֵם עָלֵינוּ

6 וְתֵן בְּלִבֵּנוּ לְהָבִין וּלְהַשְׂכִּיל, לִשְׁמֹעַ,

7 לִלְמֹד וּלְלַמֵּד, לִשְׁמֹר וְלַעֲשׂוֹת וּלְקַיֵּם

8 אֶת־כָּל־דִּבְרֵי תַלְמוּד תּוֹרָתֶךָ בְּאַהֲבָה.

9 וְהָאֵר עֵינֵינוּ בְּתוֹרָתֶךָ, וְדַבֵּק לִבֵּנוּ בְּמִצְוֹתֶיךָ,

10 וְיַחֵד לְבָבֵנוּ לְאַהֲבָה וּלְיִרְאָה אֶת־שְׁמֶךָ,

11 וְלֹא נֵבוֹשׁ לְעוֹלָם וָעֶד.

12 כִּי בְשֵׁם קָדְשְׁךָ הַגָּדוֹל וְהַנּוֹרָא בָּטָחְנוּ,

13 נָגִילָה וְנִשְׂמְחָה בִּישׁוּעָתֶךָ.

14 וַהֲבִיאֵנוּ לְשָׁלוֹם מֵאַרְבַּע כַּנְפוֹת הָאָרֶץ,

15 וְתוֹלִיכֵנוּ קוֹמְמִיּוּת לְאַרְצֵנוּ,

16 כִּי אֵל פּוֹעֵל יְשׁוּעוֹת אָתָּה,

17 וּבָנוּ בָחַרְתָּ מִכָּל־עַם וְלָשׁוֹן,

18 וְקֵרַבְתָּנוּ לְשִׁמְךָ הַגָּדוֹל סֶלָה בֶּאֱמֶת,

19 לְהוֹדוֹת לְךָ וּלְיַחֶדְךָ בְּאַהֲבָה.

20 בָּרוּךְ אַתָּה יְיָ הַבּוֹחֵר בְּעַמּוֹ יִשְׂרָאֵל בְּאַהֲבָה.

קְרִיאַת שְׁמַע

The Shema is one of the oldest and most important parts of the worship service. It begins with the familiar phrase "Hear, O Israel, the Lord our God, the Lord is One." We announce to ourselves and to all the world the uniqueness of God. As we say these words we close our eyes to concentrate on God alone. The next line, which is not said aloud, praises God's sovereignty in the world. When all people recognize only God as supreme, all living beings will dwell in unity, in peace.

1 שְׁמַע יִשְׂרָאֵל יְיָ אֱלֹהֵינוּ יְיָ אֶחָד:

2 בָּרוּךְ שֵׁם כְּבוֹד מַלְכוּתוֹ לְעוֹלָם וָעֶד.

וְאָהַבְתָּ

We continue with וְאָהַבְתָּ (Deut. 6:4-9). These words, addressed to each individual, declare our need to love God wholeheartedly. People who love make commitments. In the same way, the Jewish people made a commitment, or covenant, with God. וְאָהַבְתָּ mentions some of the symbols we use to remember this covenant. The mezuzah, hung at the entrance to our homes and synagogues, contains a small parchment scroll with the words of this passage written on it. Another symbol is tefillin. On weekday mornings, Jews pray with tefillin strapped on their foreheads and arms. On Shabbat they are not used because the day itself is a reminder of our covenant.

---

1 וְאָהַבְתָּ אֵת יְיָ אֱלֹהֶיךָ בְּכָל־לְבָבְךָ
וּבְכָל־נַפְשְׁךָ וּבְכָל־מְאֹדֶךָ׃
2 וְהָיוּ הַדְּבָרִים הָאֵלֶּה, אֲשֶׁר אָנֹכִי מְצַוְּךָ הַיּוֹם
עַל־לְבָבֶךָ׃
3 וְשִׁנַּנְתָּם לְבָנֶיךָ, וְדִבַּרְתָּ בָּם בְּשִׁבְתְּךָ בְּבֵיתֶךָ
וּבְלֶכְתְּךָ בַדֶּרֶךְ וּבְשָׁכְבְּךָ וּבְקוּמֶךָ׃
4 וּקְשַׁרְתָּם לְאוֹת עַל־יָדֶךָ וְהָיוּ לְטֹטָפֹת בֵּין עֵינֶיךָ׃
5 וּכְתַבְתָּם עַל־מְזֻזוֹת בֵּיתֶךָ וּבִשְׁעָרֶיךָ׃

וְהָיָה אִם־שָׁמֹעַ

This passage (Deut. 11:13-21) addresses the entire people Israel. It tells us that we must live according to God's commandments. It stresses the importance of teaching God's words to the children of the community.

וְהָיָה אִם־שָׁמֹעַ תִּשְׁמְעוּ אֶל־מִצְוֹתַי אֲשֶׁר אָנֹכִי
מְצַוֶּה אֶתְכֶם הַיּוֹם לְאַהֲבָה אֶת־יְיָ אֱלֹהֵיכֶם
וּלְעָבְדוֹ בְּכָל־לְבַבְכֶם וּבְכָל־נַפְשְׁכֶם:
וְנָתַתִּי מְטַר־אַרְצְכֶם בְּעִתּוֹ יוֹרֶה וּמַלְקוֹשׁ
וְאָסַפְתָּ דְגָנֶךָ וְתִירֹשְׁךָ וְיִצְהָרֶךָ:
וְנָתַתִּי עֵשֶׂב בְּשָׂדְךָ לִבְהֶמְתֶּךָ וְאָכַלְתָּ וְשָׂבָעְתָּ:
הִשָּׁמְרוּ לָכֶם פֶּן־יִפְתֶּה לְבַבְכֶם וְסַרְתֶּם
וַעֲבַדְתֶּם אֱלֹהִים אֲחֵרִים וְהִשְׁתַּחֲוִיתֶם לָהֶם:
וְחָרָה אַף־יְיָ בָּכֶם וְעָצַר אֶת־הַשָּׁמַיִם
וְלֹא־יִהְיֶה מָטָר וְהָאֲדָמָה לֹא תִתֵּן אֶת־יְבוּלָהּ
וַאֲבַדְתֶּם מְהֵרָה מֵעַל הָאָרֶץ הַטֹּבָה
אֲשֶׁר יְיָ נֹתֵן לָכֶם:

וְשַׂמְתֶּם אֶת־דְּבָרַי אֵלֶּה עַל־לְבַבְכֶם 13

וְעַל־נַפְשְׁכֶם וּקְשַׁרְתֶּם אֹתָם לְאוֹת עַל־יֶדְכֶם 14

וְהָיוּ לְטוֹטָפֹת בֵּין עֵינֵיכֶם: 15

וְלִמַּדְתֶּם אֹתָם אֶת־בְּנֵיכֶם לְדַבֵּר בָּם בְּשִׁבְתְּךָ 16

בְּבֵיתֶךָ וּבְלֶכְתְּךָ בַדֶּרֶךְ וּבְשָׁכְבְּךָ וּבְקוּמֶךָ: 17

וּכְתַבְתָּם עַל־מְזוּזוֹת בֵּיתֶךָ וּבִשְׁעָרֶיךָ: 18

לְמַעַן יִרְבּוּ יְמֵיכֶם וִימֵי בְנֵיכֶם עַל הָאֲדָמָה 19

אֲשֶׁר נִשְׁבַּע יְיָ לַאֲבֹתֵיכֶם 20

לָתֵת לָהֶם כִּימֵי הַשָּׁמַיִם עַל־הָאָרֶץ: 21

וַיֹּאמֶר

קְרִיאַת שְׁמַע concludes with this passage (Numbers 15:37-41). וַיֹּאמֶר contains the commandment to wear tzitzit. Throughout קְרִיאַת שְׁמַע we hold the ends of the tzitzit in our hands. It is customary to kiss them each of the three times they are mentioned in this passage. This is an expression of our devotion to God and the commandments.

וַיֹּאמֶר יְיָ אֶל־מֹשֶׁה לֵּאמֹר:
דַּבֵּר אֶל־בְּנֵי יִשְׂרָאֵל וְאָמַרְתָּ אֲלֵהֶם
וְעָשׂוּ לָהֶם צִיצִת עַל־כַּנְפֵי בִגְדֵיהֶם לְדֹרֹתָם
וְנָתְנוּ עַל־צִיצִת הַכָּנָף פְּתִיל תְּכֵלֶת:
וְהָיָה לָכֶם לְצִיצִת וּרְאִיתֶם אֹתוֹ
וּזְכַרְתֶּם אֶת־כָּל־מִצְוֹת יְיָ וַעֲשִׂיתֶם אֹתָם
וְלֹא תָתֻרוּ אַחֲרֵי לְבַבְכֶם וְאַחֲרֵי עֵינֵיכֶם
אֲשֶׁר־אַתֶּם זֹנִים אַחֲרֵיהֶם:
לְמַעַן תִּזְכְּרוּ וַעֲשִׂיתֶם אֶת־כָּל־מִצְוֹתָי
וִהְיִיתֶם קְדֹשִׁים לֵאלֹהֵיכֶם:
אֲנִי יְיָ אֱלֹהֵיכֶם אֲשֶׁר הוֹצֵאתִי אֶתְכֶם
מֵאֶרֶץ מִצְרַיִם לִהְיוֹת לָכֶם לֵאלֹהִים
אֲנִי יְיָ אֱלֹהֵיכֶם:
יְיָ אֱלֹהֵיכֶם אֱמֶת

בִּרְכַּת גְּאוּלָה

A blessing follows קְרִיאַת שְׁמַע. It praises God for the gift of גְּאוּלָה, redemption. The blessing recalls a great example of redemption, when God rescued the people of Israel from slavery in Egypt. After God parted the sea and saved the people from Pharaoh's armies, the Israelites sang their thanks to God. We sing two parts of their song in this blessing (lines 19, 20 and 24). Here are selections from the blessing.

1 אֱמֶת וְיַצִּיב וְנָכוֹן וְקַיָּם וְיָשָׁר וְנֶאֱמָן וְאָהוּב

2 וְחָבִיב וְנֶחְמָד וְנָעִים וְנוֹרָא וְאַדִּיר וּמְתֻקָּן וּמְקֻבָּל

3 וְטוֹב וְיָפֶה הַדָּבָר הַזֶּה עָלֵינוּ לְעוֹלָם וָעֶד.

4 אֱמֶת, אֱלֹהֵי עוֹלָם מַלְכֵּנוּ, צוּר יַעֲקֹב מָגֵן יִשְׁעֵנוּ.

5 לְדֹר וָדֹר הוּא קַיָּם וּשְׁמוֹ קַיָּם וְכִסְאוֹ נָכוֹן

6 וּמַלְכוּתוֹ וֶאֱמוּנָתוֹ לָעַד קַיֶּמֶת....

7 עֶזְרַת אֲבוֹתֵינוּ אַתָּה הוּא מֵעוֹלָם, מָגֵן וּמוֹשִׁיעַ

8 לִבְנֵיהֶם אַחֲרֵיהֶם בְּכָל־דּוֹר וָדוֹר. בְּרוּם עוֹלָם

9 מוֹשָׁבֶךָ וּמִשְׁפָּטֶיךָ וְצִדְקָתְךָ עַד אַפְסֵי אָרֶץ.

10 אַשְׁרֵי אִישׁ שֶׁיִּשְׁמַע לְמִצְוֺתֶיךָ, וְתוֹרָתְךָ וּדְבָרְךָ

11 יָשִׂים עַל לִבּוֹ. אֱמֶת אַתָּה הוּא אָדוֹן לְעַמֶּךָ,

12 וּמֶלֶךְ גִּבּוֹר לָרִיב רִיבָם. אֱמֶת אַתָּה הוּא רִאשׁוֹן

13 וְאַתָּה הוּא אַחֲרוֹן, וּמִבַּלְעָדֶיךָ

14 אֵין לָנוּ מֶלֶךְ גּוֹאֵל וּמוֹשִׁיעַ. מִמִּצְרַיִם גְּאַלְתָּנוּ,

15 יְיָ אֱלֹהֵינוּ, וּמִבֵּית עֲבָדִים פְּדִיתָנוּ....

16 תְּהִלּוֹת לְאֵל עֶלְיוֹן בָּרוּךְ הוּא וּמְבֹרָךְ.

17 מֹשֶׁה וּבְנֵי יִשְׂרָאֵל לְךָ עָנוּ שִׁירָה בְּשִׂמְחָה רַבָּה,

18 וְאָמְרוּ כֻלָּם:

Moses and the people of Israel sang a song to praise God's wonders
and holiness.

19 מִי כָמֹכָה בָּאֵלִם יְיָ, מִי כָּמֹכָה נֶאְדָּר בַּקֹּדֶשׁ,

20 נוֹרָא תְהִלֹּת, עֹשֵׂה פֶלֶא.

21 שִׁירָה חֲדָשָׁה שִׁבְּחוּ גְאוּלִים לְשִׁמְךָ

22 עַל שְׂפַת הַיָּם.

23 יַחַד כֻּלָּם הוֹדוּ וְהִמְלִיכוּ וְאָמְרוּ:

24 יְיָ יִמְלֹךְ לְעוֹלָם וָעֶד.

25 צוּר יִשְׂרָאֵל, קוּמָה בְּעֶזְרַת יִשְׂרָאֵל,

26 וּפְדֵה כִנְאֻמֶךָ יְהוּדָה וְיִשְׂרָאֵל.

27 גֹּאֲלֵנוּ יְיָ צְבָאוֹת שְׁמוֹ קְדוֹשׁ יִשְׂרָאֵל.

28 בָּרוּךְ אַתָּה יְיָ גָּאַל יִשְׂרָאֵל.

III

THE SHABBAT AMIDAH

אָבוֹת

The first three blessings of every Amidah are the same. The first blessing praises God and His relationship to the Jewish people since the beginning of our history. The blessing is called אָבוֹת (*fathers or ancestors*) because it addresses God as the "God of our fathers," the patriarchs, Abraham, Isaac and Jacob. These are the same words Moses used to address God. We praise God as we recall our ancestors' love for God. Because of their good deeds and Divine love, God will bring a redeemer to their children's children.

Before we begin the עֲמִידָה, we recite this verse asking for God's help in prayer:

1 אֲדֹנָי, שְׂפָתַי תִּפְתָּח וּפִי יַגִּיד תְּהִלָּתֶךָ.

2 בָּרוּךְ אַתָּה יְיָ אֱלֹהֵינוּ וֵאלֹהֵי אֲבוֹתֵינוּ,

3 אֱלֹהֵי אַבְרָהָם אֱלֹהֵי יִצְחָק וֵאלֹהֵי יַעֲקֹב,

4 הָאֵל הַגָּדוֹל הַגִּבּוֹר וְהַנּוֹרָא, אֵל עֶלְיוֹן,

5 גּוֹמֵל חֲסָדִים טוֹבִים וְקוֹנֵה הַכֹּל,

6 וְזוֹכֵר חַסְדֵי אָבוֹת וּמֵבִיא גוֹאֵל לִבְנֵי בְנֵיהֶם

7 לְמַעַן שְׁמוֹ בְּאַהֲבָה.

8 מֶלֶךְ עוֹזֵר וּמוֹשִׁיעַ וּמָגֵן.

9 בָּרוּךְ אַתָּה יְיָ מָגֵן אַבְרָהָם.

גְבוּרוֹת

The second blessing of the Amidah is called גְבוּרוֹת (*powers*). The blessing celebrates God's power in nature and in our lives. It praises God's power to give life to the dead.

1 אַתָּה גִּבּוֹר לְעוֹלָם אֲדֹנָי,

2 מְחַיֵּה מֵתִים אַתָּה רַב לְהוֹשִׁיעַ.

From Sh'mini Atzeret until Passover add:

3 מַשִּׁיב הָרוּחַ וּמוֹרִיד הַגָּשֶׁם.

4 מְכַלְכֵּל חַיִּים בְּחֶסֶד, מְחַיֵּה מֵתִים

5 בְּרַחֲמִים רַבִּים, סוֹמֵךְ נוֹפְלִים

6 וְרוֹפֵא חוֹלִים וּמַתִּיר אֲסוּרִים,

7 וּמְקַיֵּם אֱמוּנָתוֹ לִישֵׁנֵי עָפָר.

8 מִי כָמוֹךָ בַּעַל גְּבוּרוֹת וּמִי דּוֹמֶה לָּךְ,

9 מֶלֶךְ מֵמִית וּמְחַיֶּה וּמַצְמִיחַ יְשׁוּעָה.

10 וְנֶאֱמָן אַתָּה לְהַחֲיוֹת מֵתִים.

11 בָּרוּךְ אַתָּה יְיָ מְחַיֵּה הַמֵּתִים.

קְדוּשַׁת הַשֵּׁם

The third blessing of the Amidah is קְדוּשַׁת הַשֵּׁם, the holiness of God (literally, the holiness of *the* name). When the Amidah is repeated aloud by the leader of the service, another version of this blessing is recited. That version is called קְדוּשָׁה.

When the Amidah is recited silently, only the following three lines are recited.

1 אַתָּה קָדוֹשׁ וְשִׁמְךָ קָדוֹשׁ,

2 וּקְדוֹשִׁים בְּכָל־יוֹם יְהַלְלוּךָ סֶּלָה.

3 בָּרוּךְ אַתָּה יְיָ הָאֵל הַקָּדוֹשׁ.

The קְדוּשָׁה is chanted aloud by the leader when ten adults are present. The indented lines are recited aloud by the congregation.

4 נְקַדֵּשׁ אֶת־שִׁמְךָ בָּעוֹלָם, כְּשֵׁם שֶׁמַּקְדִּישִׁים אוֹתוֹ

5 בִּשְׁמֵי מָרוֹם, כַּכָּתוּב עַל יַד נְבִיאֶךָ,

6 וְקָרָא זֶה אֶל זֶה וְאָמַר:

7 קָדוֹשׁ קָדוֹשׁ קָדוֹשׁ יְיָ צְבָאוֹת,

8 מְלֹא כָל־הָאָרֶץ כְּבוֹדוֹ.

9 אָז בְּקוֹל רַעַשׁ גָּדוֹל אַדִּיר וְחָזָק

10 מַשְׁמִיעִים קוֹל, מִתְנַשְּׂאִים לְעֻמַּת שְׂרָפִים,

11 לְעֻמָּתָם בָּרוּךְ יֹאמֵרוּ:

12 בָּרוּךְ כְּבוֹד יְיָ מִמְּקוֹמוֹ.

13 מִמְּקוֹמְךָ מַלְכֵּנוּ תוֹפִיעַ וְתִמְלוֹךְ עָלֵינוּ,

14 כִּי מְחַכִּים אֲנַחְנוּ לָךְ. מָתַי תִּמְלוֹךְ בְּצִיּוֹן,

15 בְּקָרוֹב בְּיָמֵינוּ לְעוֹלָם וָעֶד תִּשְׁכּוֹן.

16 תִּתְגַּדַּל וְתִתְקַדַּשׁ בְּתוֹךְ יְרוּשָׁלַיִם עִירְךָ,

17 לְדוֹר וָדוֹר וּלְנֵצַח נְצָחִים.

18 וְעֵינֵינוּ תִרְאֶינָה מַלְכוּתֶךָ, כַּדָּבָר הָאָמוּר

19 בְּשִׁירֵי עֻזֶּךָ, עַל יְדֵי דָוִד מְשִׁיחַ צִדְקֶךָ.

20 יִמְלֹךְ יְיָ לְעוֹלָם אֱלֹהַיִךְ צִיּוֹן לְדֹר וָדֹר,

21 הַלְלוּיָהּ.

22 לְדוֹר וָדוֹר נַגִּיד גָּדְלֶךָ,

23 וּלְנֵצַח נְצָחִים קְדֻשָּׁתְךָ נַקְדִּישׁ.

24 וְשִׁבְחֲךָ אֱלֹהֵינוּ מִפִּינוּ לֹא יָמוּשׁ לְעוֹלָם וָעֶד,

25 כִּי אֵל מֶלֶךְ גָּדוֹל וְקָדוֹשׁ אָתָּה.

26 בָּרוּךְ אַתָּה יְיָ הָאֵל הַקָּדוֹשׁ.

25

קְדוּשַּׁת הַיּוֹם

This middle blessing of the Shabbat Amidah is recited only in the morning Amidah for Shabbat (on weekdays, the middle section of the Amidah consists of thirteen blessings). קְדוּשַּׁת הַיּוֹם means *sanctification of the day*. To sanctify means *to make holy*. Shabbat is a sign of the covenant between God and the people Israel. God sanctifies the Sabbath day, whose holiness we must maintain by living in special ways on Shabbat.

יִשְׂמַח מֹשֶׁה בְּמַתְּנַת חֶלְקוֹ, כִּי עֶבֶד נֶאֱמָן
קָרֶאתָ לוֹ. כְּלִיל תִּפְאֶרֶת בְּרֹאשׁוֹ נָתַתָּ,
בְּעָמְדוֹ לְפָנֶיךָ עַל הַר סִינָי.
וּשְׁנֵי לוּחוֹת אֲבָנִים הוֹרִיד בְּיָדוֹ,
וְכָתוּב בָּהֶם שְׁמִירַת שַׁבָּת, וְכֵן כָּתוּב בְּתוֹרָתֶךָ:
וְשָׁמְרוּ בְנֵי־יִשְׂרָאֵל אֶת־הַשַּׁבָּת,
לַעֲשׂוֹת אֶת־הַשַּׁבָּת לְדֹרֹתָם בְּרִית עוֹלָם.
בֵּינִי וּבֵין בְּנֵי יִשְׂרָאֵל אוֹת הִיא לְעֹלָם,
כִּי שֵׁשֶׁת יָמִים עָשָׂה יְיָ אֶת־הַשָּׁמַיִם
וְאֶת־הָאָרֶץ, וּבַיּוֹם הַשְּׁבִיעִי שָׁבַת וַיִּנָּפַשׁ.
וְלֹא נְתַתּוֹ, יְיָ אֱלֹהֵינוּ, לְגוֹיֵי הָאֲרָצוֹת,
וְלֹא הִנְחַלְתּוֹ, מַלְכֵּנוּ, לְעוֹבְדֵי פְסִילִים,
וְגַם בִּמְנוּחָתוֹ לֹא יִשְׁכְּנוּ עֲרֵלִים,
כִּי לְיִשְׂרָאֵל עַמְּךָ נְתַתּוֹ בְּאַהֲבָה,

15 לְזֶרַע יַעֲקֹב אֲשֶׁר בָּם בָּחָרְתָּ.

16 עַם מְקַדְּשֵׁי שְׁבִיעִי, כֻּלָּם יִשְׂבְּעוּ וְיִתְעַנְּגוּ מִטּוּבֶךָ.

17 וְהַשְּׁבִיעִי רָצִיתָ בּוֹ וְקִדַּשְׁתּוֹ, חֶמְדַּת יָמִים

18 אוֹתוֹ קָרָאתָ, זֵכֶר לְמַעֲשֵׂה בְרֵאשִׁית.

19 אֱלֹהֵינוּ וֵאלֹהֵי אֲבוֹתֵינוּ, רְצֵה בִמְנוּחָתֵנוּ.

20 קַדְּשֵׁנוּ בְּמִצְוֹתֶיךָ וְתֵן חֶלְקֵנוּ בְּתוֹרָתֶךָ,

21 שַׂבְּעֵנוּ מִטּוּבֶךָ וְשַׂמְּחֵנוּ בִּישׁוּעָתֶךָ,

22 וְטַהֵר לִבֵּנוּ לְעָבְדְּךָ בֶּאֱמֶת.

23 וְהַנְחִילֵנוּ יְיָ אֱלֹהֵינוּ בְּאַהֲבָה וּבְרָצוֹן

24 שַׁבַּת קָדְשֶׁךָ, וְיָנוּחוּ בָהּ יִשְׂרָאֵל מְקַדְּשֵׁי שְׁמֶךָ.

25 בָּרוּךְ אַתָּה יְיָ מְקַדֵּשׁ הַשַּׁבָּת.

עֲבוֹדָה

The last three blessings in every Amidah are always the same. עֲבוֹדָה is the first of these final three blessings. We ask God to accept the prayers of our people. The blessing also recalls services in the Temple in ancient Jerusalem.

1 רְצֵה יְיָ אֱלֹהֵינוּ בְּעַמְּךָ יִשְׂרָאֵל וּבִתְפִלָּתָם,

2 וְהָשֵׁב אֶת־הָעֲבוֹדָה לִדְבִיר בֵּיתֶךָ,

3 וּתְפִלָּתָם בְּאַהֲבָה תְקַבֵּל בְּרָצוֹן,

4 וּתְהִי לְרָצוֹן תָּמִיד עֲבוֹדַת יִשְׂרָאֵל עַמֶּךָ.

5 וְתֶחֱזֶינָה עֵינֵינוּ בְּשׁוּבְךָ לְצִיּוֹן בְּרַחֲמִים.

6 בָּרוּךְ אַתָּה יְיָ הַמַּחֲזִיר שְׁכִינָתוֹ לְצִיּוֹן.

הוֹדָאָה

This is the second of the final three blessings of the Amidah. We acknowledge God as the creator of all things and we thank God for daily miracles. This blessing has two versions. When the Reader repeats the Amidah, the congregation recites the first passage silently while the Reader continues with the second passage, which everyone recites during the silent Amidah.

Congregation:

1 מוֹדִים אֲנַחְנוּ לָךְ שָׁאַתָּה הוּא יְיָ אֱלֹהֵינוּ וֵאלֹהֵי

2 אֲבוֹתֵינוּ, אֱלֹהֵי כָל־בָּשָׂר, יוֹצְרֵנוּ יוֹצֵר בְּרֵאשִׁית.

3 בְּרָכוֹת וְהוֹדָאוֹת לְשִׁמְךָ הַגָּדוֹל וְהַקָּדוֹשׁ

4 עַל שֶׁהֶחֱיִיתָנוּ וְקִיַּמְתָּנוּ.

5 כֵּן תְּחַיֵּנוּ וּתְקַיְּמֵנוּ וְתֶאֱסוֹף גָּלֻיּוֹתֵינוּ

6 לְחַצְרוֹת קָדְשֶׁךָ לִשְׁמוֹר חֻקֶּיךָ וְלַעֲשׂוֹת רְצוֹנֶךָ

7 וּלְעָבְדְּךָ בְּלֵבָב שָׁלֵם, עַל שֶׁאֲנַחְנוּ מוֹדִים לָךְ.

8 בָּרוּךְ אֵל הַהוֹדָאוֹת.

הוֹדָאָה

Reader:

9 מוֹדִים אֲנַחְנוּ לָךְ שָׁאַתָּה הוּא יְיָ אֱלֹהֵינוּ

10 וֵאלֹהֵי אֲבוֹתֵינוּ לְעוֹלָם וָעֶד,

11 צוּר חַיֵּינוּ מָגֵן יִשְׁעֵנוּ אַתָּה הוּא לְדוֹר וָדוֹר.

12 נוֹדֶה לְּךָ וּנְסַפֵּר תְּהִלָּתֶךָ, עַל חַיֵּינוּ

13 הַמְּסוּרִים בְּיָדֶךָ וְעַל נִשְׁמוֹתֵינוּ הַפְּקוּדוֹת לָךְ

14 וְעַל נִסֶּיךָ שֶׁבְּכָל־יוֹם עִמָּנוּ וְעַל נִפְלְאוֹתֶיךָ

15 וְטוֹבוֹתֶיךָ שֶׁבְּכָל־עֵת, עֶרֶב וָבֹקֶר וְצָהֳרָיִם.

16 הַטּוֹב כִּי לֹא כָלוּ רַחֲמֶיךָ,

17 וְהַמְרַחֵם כִּי לֹא תַמּוּ חֲסָדֶיךָ, מֵעוֹלָם קִוִּינוּ לָךְ.

18 וְעַל כֻּלָּם יִתְבָּרַךְ וְיִתְרוֹמַם שִׁמְךָ

19 מַלְכֵּנוּ תָּמִיד לְעוֹלָם וָעֶד.

20 וְכֹל הַחַיִּים יוֹדוּךָ סֶּלָה, וִיהַלְלוּ אֶת־שִׁמְךָ

21 בֶּאֱמֶת, הָאֵל יְשׁוּעָתֵנוּ וְעֶזְרָתֵנוּ סֶלָה.

22 בָּרוּךְ אַתָּה יְיָ הַטּוֹב שִׁמְךָ וּלְךָ נָאֶה לְהוֹדוֹת.

בִּרְכַּת כֹּהֲנִים

The Priestly Blessing is found in the Torah in the Book of Numbers 6:24-26. **כֹּהֲנִים** were members of the priestly tribe in ancient Israel. They gave God's blessing to the people during the service in the Temple. The Priestly Blessing is added to our service when the leader, who need not be a *kohen*, repeats the Amidah aloud.

---

1 אֱלֹהֵינוּ וֵאלֹהֵי אֲבוֹתֵינוּ,

2 בָּרְכֵנוּ בַבְּרָכָה הַמְשֻׁלֶּשֶׁת,

3 בַּתּוֹרָה הַכְּתוּבָה עַל יְדֵי מֹשֶׁה עַבְדֶּךָ,

4 הָאֲמוּרָה מִפִּי אַהֲרֹן וּבָנָיו,

5 כֹּהֲנִים, עַם קְדוֹשֶׁךָ, כָּאָמוּר:

Congregation responds:

6 יְבָרֶכְךָ יְיָ וְיִשְׁמְרֶךָ. כֵּן יְהִי רָצוֹן.

7 יָאֵר יְיָ פָּנָיו אֵלֶיךָ וִיחֻנֶּךָּ. כֵּן יְהִי רָצוֹן.

8 יִשָּׂא יְיָ פָּנָיו אֵלֶיךָ וְיָשֵׂם לְךָ שָׁלוֹם. כֵּן יְהִי רָצוֹן.

בִּרְכַּת שָׁלוֹם

The final blessing of the Amidah is a prayer for peace. Peace has always been the most important blessing for the Jewish people. This blessing also includes a prayer for compassion, and expresses gratitude for Torah, justice, life and peace.

1 שִׂים שָׁלוֹם בָּעוֹלָם, טוֹבָה וּבְרָכָה,

2 חֵן וָחֶסֶד וְרַחֲמִים עָלֵינוּ

3 וְעַל כָּל־יִשְׂרָאֵל עַמֶּךָ.

4 בָּרְכֵנוּ אָבִינוּ כֻּלָּנוּ כְּאֶחָד בְּאוֹר פָּנֶיךָ,

5 כִּי בְאוֹר פָּנֶיךָ נָתַתָּ לָּנוּ, יְיָ אֱלֹהֵינוּ,

6 תּוֹרַת חַיִּים וְאַהֲבַת חֶסֶד,

7 וּצְדָקָה וּבְרָכָה וְרַחֲמִים וְחַיִּים וְשָׁלוֹם.

8 וְטוֹב בְּעֵינֶיךָ לְבָרֵךְ אֶת־עַמְּךָ יִשְׂרָאֵל

9 בְּכָל־עֵת וּבְכָל־שָׁעָה בִּשְׁלוֹמֶךָ.

10 בָּרוּךְ אַתָּה יְיָ הַמְבָרֵךְ אֶת־עַמּוֹ יִשְׂרָאֵל בַּשָּׁלוֹם.

אֱלֹהַי, נְצוֹר לְשׁוֹנִי מֵרָע

After the concluding blessing of the Amidah, we add a personal prayer. These words have been adapted from the prayer of Mar the son of Ravina, who lived in fourth-century Babylonia. The prayer asks God to guide us in our relationships with others, by helping us to control the words we say and to ignore those who speak ill of us. It also asks God's help in opening our hearts to Torah.

1   אֱלֹהַי, נְצוֹר לְשׁוֹנִי מֵרָע וּשְׂפָתַי מִדַּבֵּר מִרְמָה,

2   וְלִמְקַלְלַי נַפְשִׁי תִדּוֹם, וְנַפְשִׁי כֶּעָפָר לַכֹּל תִּהְיֶה.

3   פְּתַח לִבִּי בְּתוֹרָתֶךָ וּבְמִצְוֹתֶיךָ תִּרְדּוֹף נַפְשִׁי.

4   וְכָל הַחוֹשְׁבִים עָלַי רָעָה,

5   מְהֵרָה הָפֵר עֲצָתָם וְקַלְקֵל מַחֲשַׁבְתָּם.

6   עֲשֵׂה לְמַעַן שְׁמֶךָ, עֲשֵׂה לְמַעַן יְמִינֶךָ,

7   עֲשֵׂה לְמַעַן קְדֻשָּׁתֶךָ, עֲשֵׂה לְמַעַן תּוֹרָתֶךָ,

8   לְמַעַן יֵחָלְצוּן יְדִידֶיךָ, הוֹשִׁיעָה יְמִינְךָ וַעֲנֵנִי.

9   יִהְיוּ לְרָצוֹן אִמְרֵי־פִי וְהֶגְיוֹן לִבִּי לְפָנֶיךָ,

10   יְיָ, צוּרִי וְגוֹאֲלִי.

11   עֹשֶׂה שָׁלוֹם בִּמְרוֹמָיו, הוּא יַעֲשֶׂה שָׁלוֹם

12   עָלֵינוּ וְעַל כָּל־יִשְׂרָאֵל, וְאִמְרוּ אָמֵן.

33

יְהִי רָצוֹן

This final brief petition asks God to rebuild the Temple and to grant our portion in the Torah. This last thought completes this portion of the Shabbat Morning Service.

1 יְהִי רָצוֹן מִלְּפָנֶיךָ יְיָ אֱלֹהֵינוּ וֵאלֹהֵי אֲבוֹתֵינוּ

2 שֶׁיִּבָּנֶה בֵּית הַמִּקְדָּשׁ בִּמְהֵרָה בְיָמֵינוּ

3 וְתֵן חֶלְקֵנוּ בְּתוֹרָתֶךָ:

4 וְשָׁם נַעֲבָדְךָ בְּיִרְאָה כִּימֵי עוֹלָם וּכְשָׁנִים קַדְמוֹנִיּוֹת.

5 וְעָרְבָה לַיְיָ מִנְחַת יְהוּדָה וִירוּשָׁלָיִם

6 כִּימֵי עוֹלָם וּכְשָׁנִים קַדְמוֹנִיּוֹת.

IV

THE TORAH SERVICE

סֵדֶר הוֹצָאַת סֵפֶר הַתּוֹרָה

The Torah Reading is an essential feature of the synagogue service on Shabbat and Festivals. The synagogue is not only a house of worship but also a house of study and instruction. When we read and study Torah, as when we pray, we take our place in the chain of tradition which binds our people together.

אֵין כָּמוֹךָ begins the Torah Service. It is chanted before the Ark is opened. In this passage, we praise our eternal God, and we ask God to bless His people with strength and with peace. We also pray for the welfare of Zion and Jerusalem.

1 אֵין כָּמוֹךָ בָאֱלֹהִים אֲדֹנָי, וְאֵין כְּמַעֲשֶׂיךָ.

2 מַלְכוּתְךָ מַלְכוּת כָּל־עוֹלָמִים,

3 וּמֶמְשַׁלְתְּךָ בְּכָל־דּוֹר וָדוֹר.

4 יְיָ מֶלֶךְ, יְיָ מָלָךְ, יְיָ יִמְלֹךְ לְעוֹלָם וָעֶד.

5 יְיָ עֹז לְעַמּוֹ יִתֵּן, יְיָ יְבָרֵךְ אֶת־עַמּוֹ בַשָּׁלוֹם.

6 אַב הָרַחֲמִים, הֵיטִיבָה בִרְצוֹנְךָ אֶת־צִיּוֹן,

7 תִּבְנֶה חוֹמוֹת יְרוּשָׁלָיִם. כִּי בְךָ לְבַד בָּטָחְנוּ,

8 מֶלֶךְ אֵל רָם וְנִשָּׂא, אֲדוֹן עוֹלָמִים.

The Ark is opened and the following passages are sung. These words of prayer recall the association of the Torah, God's gift, with Moses and with Jerusalem and Zion.

9 וַיְהִי בִּנְסֹעַ הָאָרֹן וַיֹּאמֶר מֹשֶׁה:

10 קוּמָה יְיָ וְיָפֻצוּ אֹיְבֶיךָ, וְיָנֻסוּ מְשַׂנְאֶיךָ מִפָּנֶיךָ.

11 כִּי מִצִּיּוֹן תֵּצֵא תוֹרָה, וּדְבַר יְיָ מִירוּשָׁלָיִם.

12 בָּרוּךְ שֶׁנָּתַן תּוֹרָה לְעַמּוֹ יִשְׂרָאֵל בִּקְדֻשָּׁתוֹ.

After the Torah scroll is taken from the Ark, these lines are sung.

13 שְׁמַע יִשְׂרָאֵל יְיָ אֱלֹהֵינוּ יְיָ אֶחָד.

14 אֶחָד אֱלֹהֵינוּ, גָּדוֹל אֲדוֹנֵינוּ, קָדוֹשׁ שְׁמוֹ.

15 גַּדְּלוּ לַייָ אִתִּי, וּנְרוֹמְמָה שְׁמוֹ יַחְדָּו.

As the Torah Scroll is carried in a procession, the reader and the congregation sing this passage. It praises God's greatness and power as Ruler of the world, and acclaims God's holiness.

16 לְךָ יְיָ הַגְּדֻלָּה וְהַגְּבוּרָה וְהַתִּפְאֶרֶת

17 וְהַנֵּצַח וְהַהוֹד,

18 כִּי כֹל בַּשָּׁמַיִם וּבָאָרֶץ, לְךָ יְיָ הַמַּמְלָכָה

19 וְהַמִּתְנַשֵּׂא לְכֹל לְרֹאשׁ.

20 רוֹמְמוּ יְיָ אֱלֹהֵינוּ וְהִשְׁתַּחֲווּ לַהֲדֹם רַגְלָיו,

21 קָדוֹשׁ הוּא.

22 רוֹמְמוּ יְיָ אֱלֹהֵינוּ וְהִשְׁתַּחֲווּ לְהַר קָדְשׁוֹ,

23 כִּי קָדוֹשׁ יְיָ אֱלֹהֵינוּ.

בִּרְכוֹת הַתּוֹרָה

Each person called to the Torah chants two blessings. The first blessing is recited before the Torah portion is read; the second blessing is recited when that portion has been completed. The first blessing praises God for choosing the Jewish people by giving us the Torah. The second blessing praises God for the truth of the Torah. It is our connection to everlasting life.

Each congregant honored recites the following blessing:

1 בָּרְכוּ אֶת־יְיָ הַמְבֹרָךְ.

Congregation responds:

2 בָּרוּךְ יְיָ הַמְבֹרָךְ לְעוֹלָם וָעֶד.

The congregant honored repeats the line above and continues:

3 בָּרוּךְ אַתָּה יְיָ אֱלֹהֵינוּ מֶלֶךְ הָעוֹלָם

4 אֲשֶׁר בָּחַר בָּנוּ מִכָּל־הָעַמִּים

5 וְנָתַן לָנוּ אֶת־תּוֹרָתוֹ.

6 בָּרוּךְ אַתָּה יְיָ נוֹתֵן הַתּוֹרָה.

The Torah portion is now read. At the conclusion of each portion, the congregant honored recites:

8 בָּרוּךְ אַתָּה יְיָ אֱלֹהֵינוּ מֶלֶךְ הָעוֹלָם

9 אֲשֶׁר נָתַן לָנוּ תּוֹרַת אֱמֶת

10 וְחַיֵּי עוֹלָם נָטַע בְּתוֹכֵנוּ.

11 בָּרוּךְ אַתָּה יְיָ נוֹתֵן הַתּוֹרָה.

After the Torah Reading is completed, the Torah scroll is held up so that the congregation can see columns of the text. The congregation then sings:

12 וְזֹאת הַתּוֹרָה אֲשֶׁר שָׂם משֶׁה

13 לִפְנֵי בְּנֵי יִשְׂרָאֵל,

14 עַל פִּי יְיָ בְּיַד משֶׁה.

בִּרְכוֹת הַהַפְטָרָה

On Shabbat, seven people are called to the Torah. They are followed by another person (*maftir*), who will chant an additional reading after the Torah reading is completed. This additional reading, the *haftarah*, consists of passages from the section of the Bible known as Prophets. There are five *haftarah* blessings. The first blessing is chanted before the *haftarah* is recited. The other four blessings are chanted after the *haftarah* has been completed.

Blessing before the Haftarah

1 בָּרוּךְ אַתָּה יְיָ אֱלֹהֵינוּ מֶלֶךְ הָעוֹלָם, אֲשֶׁר בָּחַר

2 בִּנְבִיאִים טוֹבִים, וְרָצָה בְדִבְרֵיהֶם הַנֶּאֱמָרִים

3 בֶּאֱמֶת. בָּרוּךְ אַתָּה יְיָ הַבּוֹחֵר בַּתּוֹרָה וּבְמֹשֶׁה

4 עַבְדּוֹ וּבְיִשְׂרָאֵל עַמּוֹ וּבִנְבִיאֵי הָאֱמֶת וָצֶדֶק.

The four blessings after the Haftarah

5 בָּרוּךְ אַתָּה יְיָ אֱלֹהֵינוּ מֶלֶךְ הָעוֹלָם,

6 צוּר כָּל־הָעוֹלָמִים, צַדִּיק בְּכָל־הַדּוֹרוֹת,

7 הָאֵל הַנֶּאֱמָן הָאוֹמֵר וְעוֹשֶׂה, הַמְדַבֵּר וּמְקַיֵּם,

8 שֶׁכָּל־דְּבָרָיו אֱמֶת וָצֶדֶק.

9 נֶאֱמָן אַתָּה הוּא יְיָ אֱלֹהֵינוּ וְנֶאֱמָנִים דְּבָרֶיךָ,

10 וְדָבָר אֶחָד מִדְּבָרֶיךָ אָחוֹר לֹא יָשׁוּב רֵיקָם,

11 כִּי אֵל מֶלֶךְ נֶאֱמָן וְרַחֲמָן אָתָּה.

12 בָּרוּךְ אַתָּה יְיָ, הָאֵל הַנֶּאֱמָן בְּכָל־דְּבָרָיו.

13 רַחֵם עַל צִיּוֹן כִּי הִיא בֵּית חַיֵּינוּ.
14 וְלַעֲלוּבַת נֶפֶשׁ תּוֹשִׁיעַ בִּמְהֵרָה בְיָמֵינוּ.
15 בָּרוּךְ אַתָּה יְיָ, מְשַׂמֵּחַ צִיּוֹן בְּבָנֶיהָ.

16 שַׂמְּחֵנוּ יְיָ אֱלֹהֵינוּ בְּאֵלִיָּהוּ הַנָּבִיא עַבְדֶּךָ
17 וּבְמַלְכוּת בֵּית דָּוִד מְשִׁיחֶךָ. בִּמְהֵרָה יָבֹא
18 וְיָגֵל לִבֵּנוּ, עַל כִּסְאוֹ לֹא יֵשֶׁב זָר וְלֹא יִנְחֲלוּ
19 עוֹד אֲחֵרִים אֶת־כְּבוֹדוֹ, כִּי בְשֵׁם קָדְשְׁךָ
20 נִשְׁבַּעְתָּ לּוֹ שֶׁלֹּא יִכְבֶּה נֵרוֹ לְעוֹלָם וָעֶד.
21 בָּרוּךְ אַתָּה יְיָ מָגֵן דָּוִד.

22 עַל הַתּוֹרָה וְעַל הָעֲבוֹדָה וְעַל הַנְּבִיאִים
23 וְעַל יוֹם הַשַּׁבָּת הַזֶּה שֶׁנָּתַתָּ לָּנוּ יְיָ אֱלֹהֵינוּ
24 לִקְדֻשָּׁה וְלִמְנוּחָה, לְכָבוֹד וּלְתִפְאָרֶת. עַל הַכֹּל,
25 יְיָ אֱלֹהֵינוּ אֲנַחְנוּ מוֹדִים לָךְ, וּמְבָרְכִים אוֹתָךְ.
26 יִתְבָּרַךְ שִׁמְךָ בְּפִי כָּל־חַי תָּמִיד לְעוֹלָם וָעֶד.
27 בָּרוּךְ אַתָּה יְיָ מְקַדֵּשׁ הַשַּׁבָּת.

אַשְׁרֵי

Chapter 145 from the Book of Psalms is now recited. It is introduced by other Psalm verses (84:5 and 144:15). The final verse in this passage is Psalms 115:18. אַשְׁרֵי is recited three times daily in the discipline of Jewish prayer.

1 אַשְׁרֵי יוֹשְׁבֵי בֵיתֶךָ, עוֹד יְהַלְלוּךָ סֶּלָה.

2 אַשְׁרֵי הָעָם שֶׁכָּכָה לּוֹ, אַשְׁרֵי הָעָם שֶׁיְיָ אֱלֹהָיו.

3 תְּהִלָּה לְדָוִד

4 אֲרוֹמִמְךָ אֱלוֹהַי הַמֶּלֶךְ, וַאֲבָרְכָה שִׁמְךָ לְעוֹלָם וָעֶד.

5 בְּכָל־יוֹם אֲבָרְכֶךָּ, וַאֲהַלְלָה שִׁמְךָ לְעוֹלָם וָעֶד.

6 גָּדוֹל יְיָ וּמְהֻלָּל מְאֹד, וְלִגְדֻלָּתוֹ אֵין חֵקֶר.

7 דּוֹר לְדוֹר יְשַׁבַּח מַעֲשֶׂיךָ, וּגְבוּרֹתֶיךָ יַגִּידוּ.

8 הֲדַר כְּבוֹד הוֹדֶךָ, וְדִבְרֵי נִפְלְאֹתֶיךָ אָשִׂיחָה.

9 וֶעֱזוּז נוֹרְאוֹתֶיךָ יֹאמֵרוּ, וּגְדֻלָּתְךָ אֲסַפְּרֶנָּה.

10 זֵכֶר רַב טוּבְךָ יַבִּיעוּ, וְצִדְקָתְךָ יְרַנֵּנוּ.

11 חַנּוּן וְרַחוּם יְיָ, אֶרֶךְ אַפַּיִם וּגְדָל־חָסֶד.

12 טוֹב יְיָ לַכֹּל, וְרַחֲמָיו עַל כָּל־מַעֲשָׂיו.

13 יוֹדוּךָ יְיָ כָּל־מַעֲשֶׂיךָ, וַחֲסִידֶיךָ יְבָרְכוּכָה.

14 כְּבוֹד מַלְכוּתְךָ יֹאמֵרוּ, וּגְבוּרָתְךָ יְדַבֵּרוּ.

15 לְהוֹדִיעַ לִבְנֵי הָאָדָם גְּבוּרֹתָיו, וּכְבוֹד
הֲדַר מַלְכוּתוֹ.

16 מַלְכוּתְךָ מַלְכוּת כָּל־עוֹלָמִים, וּמֶמְשַׁלְתְּךָ
בְּכָל־דּוֹר וָדֹר.

17 סוֹמֵךְ יְיָ לְכָל־הַנֹּפְלִים, וְזוֹקֵף לְכָל־הַכְּפוּפִים.

18 עֵינֵי כֹל אֵלֶיךָ יְשַׂבֵּרוּ, וְאַתָּה נוֹתֵן לָהֶם
אֶת־אָכְלָם בְּעִתּוֹ.

19 פּוֹתֵחַ אֶת־יָדֶךָ, וּמַשְׂבִּיעַ לְכָל־חַי רָצוֹן.

20 צַדִּיק יְיָ בְּכָל־דְּרָכָיו, וְחָסִיד בְּכָל־מַעֲשָׂיו.

21 קָרוֹב יְיָ לְכָל־קֹרְאָיו, לְכֹל אֲשֶׁר יִקְרָאֻהוּ בֶאֱמֶת.

22 רְצוֹן יְרֵאָיו יַעֲשֶׂה, וְאֶת־שַׁוְעָתָם יִשְׁמַע וְיוֹשִׁיעֵם.

23 שׁוֹמֵר יְיָ אֶת־כָּל־אֹהֲבָיו, וְאֵת כָּל־הָרְשָׁעִים
יַשְׁמִיד.

24 תְּהִלַּת יְיָ יְדַבֶּר פִּי, וִיבָרֵךְ כָּל־בָּשָׂר שֵׁם קָדְשׁוֹ
לְעוֹלָם וָעֶד.

25 וַאֲנַחְנוּ נְבָרֵךְ יָהּ, מֵעַתָּה וְעַד עוֹלָם. הַלְלוּיָהּ.

43

סֵדֶר הַכְנָסַת סֵפֶר הַתּוֹרָה

The Torah Scroll is returned to the Ark with special ceremony. It is carried in a procession. During the procession, a psalm is sung. When the Torah Scroll rests in the Ark again, we sing verses from the Bible which praise the Torah and ask for God's blessings through its teachings.

As the Torah is returned to the Ark, the congregation rises.

Reader chants while holding the Torah:

1 יְהַלְלוּ אֶת־שֵׁם יְיָ כִּי נִשְׂגָּב שְׁמוֹ לְבַדּוֹ.

Congregation responds:

2 הוֹדוֹ עַל אֶרֶץ וְשָׁמָיִם, וַיָּרֶם קֶרֶן לְעַמּוֹ

3 תְּהִלָּה לְכָל־חֲסִידָיו, לִבְנֵי יִשְׂרָאֵל עַם קְרֹבוֹ.

4 הַלְלוּיָהּ.

Psalm 29 is chanted by the congregation during the procession which returns the Torah Scroll to the Ark.

5 מִזְמוֹר לְדָוִד.

6 הָבוּ לַייָ, בְּנֵי אֵלִים, הָבוּ לַייָ כָּבוֹד וָעֹז.

7 הָבוּ לַייָ כְּבוֹד שְׁמוֹ,

8 הִשְׁתַּחֲווּ לַייָ בְּהַדְרַת קֹדֶשׁ.

9 קוֹל יְיָ עַל הַמָּיִם, אֵל הַכָּבוֹד הִרְעִים,

10 יְיָ עַל מַיִם רַבִּים.

11 קוֹל יְיָ בַּכֹּחַ, קוֹל יְיָ בֶּהָדָר.

12 קוֹל יְיָ שֹׁבֵר אֲרָזִים

וַיְשַׁבֵּר יְיָ אֶת־אַרְזֵי הַלְּבָנוֹן.

13 וַיַּרְקִידֵם כְּמוֹ עֵגֶל,

לְבָנוֹן וְשִׂרְיוֹן כְּמוֹ בֶן־רְאֵמִים.

14 קוֹל יְיָ חֹצֵב לַהֲבוֹת אֵשׁ,

15 קוֹל יְיָ יָחִיל מִדְבָּר, יָחִיל יְיָ מִדְבַּר קָדֵשׁ.

16 קוֹל יְיָ יְחוֹלֵל אַיָּלוֹת וַיֶּחֱשֹׂף יְעָרוֹת,

17 וּבְהֵיכָלוֹ כֻּלּוֹ אֹמֵר כָּבוֹד.

18 יְיָ לַמַּבּוּל יָשָׁב, וַיֵּשֶׁב יְיָ מֶלֶךְ לְעוֹלָם.

19 יְיָ עֹז לְעַמּוֹ יִתֵּן, יְיָ יְבָרֵךְ אֶת־עַמּוֹ בַשָּׁלוֹם.

After the Torah Scroll is placed in the Ark, this passage from the Book of Proverbs is sung before the curtain or doors are closed. It praises the Torah as a tree of life.

20 עֵץ חַיִּים הִיא לַמַּחֲזִיקִים בָּהּ, וְתוֹמְכֶיהָ מְאֻשָּׁר.

21 דְּרָכֶיהָ דַרְכֵי־נֹעַם, וְכָל־נְתִיבוֹתֶיהָ שָׁלוֹם.

22 הֲשִׁיבֵנוּ יְיָ אֵלֶיךָ וְנָשׁוּבָה, חַדֵּשׁ יָמֵינוּ כְּקֶדֶם.

V

SPECIAL PRAYERS

הַלֵּל

בִּרְכַּת הַחֹדֶשׁ

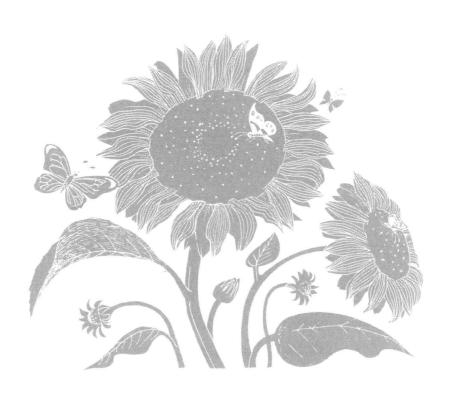

הַלֵּל

The Hallel Service is a collection of psalms recited on the Festival Holidays (Sukkot, Passover, Shavuot), on Ḥanukkah, at the beginning of each new month, and on the day celebrating Israel's independence. In the synagogue, Hallel is recited before the Torah Service. Here are some brief excerpts from the Hallel Service.

From Psalm 113 – We call upon everyone to praise God:

1 הַלְלוּיָהּ.

2 הַלְלוּ, עַבְדֵי יְיָ, הַלְלוּ אֶת־שֵׁם יְיָ.

3 יְהִי שֵׁם יְיָ מְבֹרָךְ מֵעַתָּה וְעַד עוֹלָם.

4 מִמִּזְרַח־שֶׁמֶשׁ עַד מְבוֹאוֹ מְהֻלָּל שֵׁם יְיָ.

From Psalm 114 – We praise God for bringing our ancestors out of Egypt:

1 בְּצֵאת יִשְׂרָאֵל מִמִּצְרָיִם, בֵּית יַעֲקֹב מֵעַם לֹעֵז.

2 הָיְתָה יְהוּדָה לְקָדְשׁוֹ, יִשְׂרָאֵל מַמְשְׁלוֹתָיו.

3 הַיָּם רָאָה וַיָּנֹס, הַיַּרְדֵּן יִסֹּב לְאָחוֹר.

4 הֶהָרִים רָקְדוּ כְאֵילִים, גְּבָעוֹת כִּבְנֵי צֹאן.

From Psalm 115 – Ancient nations worshipped idols, but the people of Israel worshipped only God:

1 עֲצַבֵּיהֶם כֶּסֶף וְזָהָב, מַעֲשֵׂה יְדֵי אָדָם.

2 פֶּה לָהֶם וְלֹא יְדַבֵּרוּ, עֵינַיִם לָהֶם וְלֹא יִרְאוּ.

3 אָזְנַיִם לָהֶם וְלֹא יִשְׁמָעוּ, אַף לָהֶם וְלֹא יְרִיחוּן.

4 יְדֵיהֶם וְלֹא יְמִישׁוּן, רַגְלֵיהֶם וְלֹא יְהַלֵּכוּ.

Psalm 117 – In this three-line psalm we praise our compassionate God whose truth endures forever:

1 הַלְלוּ אֶת־יְיָ כָּל־גּוֹיִם, שַׁבְּחוּהוּ כָּל־הָאֻמִּים.

2 כִּי גָבַר עָלֵינוּ חַסְדּוֹ, וֶאֱמֶת יְיָ לְעוֹלָם.

3 הַלְלוּיָהּ.

From Psalm 118 – We praise God's loving-kindness:

1 הוֹדוּ לַייָ כִּי טוֹב, כִּי לְעוֹלָם חַסְדּוֹ.

2 יֹאמַר נָא יִשְׂרָאֵל, כִּי לְעוֹלָם חַסְדּוֹ.

3 יֹאמְרוּ נָא בֵית אַהֲרֹן, כִּי לְעוֹלָם חַסְדּוֹ.

4 יֹאמְרוּ נָא יִרְאֵי יְיָ, כִּי לְעוֹלָם חַסְדּוֹ.

Each of the following four verses is recited twice.

1 אוֹדְךָ כִּי עֲנִיתָנִי וַתְּהִי לִי לִישׁוּעָה.

2 אֶבֶן מָאֲסוּ הַבּוֹנִים הָיְתָה לְרֹאשׁ פִּנָּה.

3 מֵאֵת יְיָ הָיְתָה זֹּאת, הִיא נִפְלָאת בְּעֵינֵינוּ.

4 זֶה הַיּוֹם עָשָׂה יְיָ, נָגִילָה וְנִשְׂמְחָה בוֹ.

The Reader recites each phrase, which is then repeated by the congregation.

1 אָנָּא יְיָ הוֹשִׁיעָה נָּא. אָנָּא יְיָ הוֹשִׁיעָה נָּא.

2 אָנָּא יְיָ הַצְלִיחָה נָּא. אָנָּא יְיָ הַצְלִיחָה נָּא.

בִּרְכַּת הַחֹדֶשׁ

Each Hebrew month begins when a new moon appears. On the Shabbat preceding the first day of the new month, we recite the blessing called בִּרְכַּת הַחֹדֶשׁ which announces the day (or days) of the week when the new month will begin.

1. יְהִי רָצוֹן מִלְּפָנֶיךָ יְיָ אֱלֹהֵינוּ וֵאלֹהֵי אֲבוֹתֵינוּ,

2. שֶׁתְּחַדֵּשׁ עָלֵינוּ אֶת־הַחֹדֶשׁ הַבָּא

3. לְטוֹבָה וְלִבְרָכָה. וְתִתֶּן לָנוּ חַיִּים אֲרֻכִּים,

4. חַיִּים שֶׁל שָׁלוֹם, חַיִּים שֶׁל טוֹבָה,

5. חַיִּים שֶׁל בְּרָכָה,

6. חַיִּים שֶׁל פַּרְנָסָה, חַיִּים שֶׁל חִלּוּץ עֲצָמוֹת,

7. חַיִּים שֶׁיֵּשׁ בָּהֶם יִרְאַת שָׁמַיִם וְיִרְאַת חֵטְא,

8. חַיִּים שֶׁאֵין בָּהֶם בּוּשָׁה וּכְלִמָּה,

9. חַיִּים שֶׁל עֹשֶׁר וְכָבוֹד,

10. חַיִּים שֶׁתְּהֵא בָנוּ אַהֲבַת תּוֹרָה וְיִרְאַת שָׁמַיִם,

11. חַיִּים שֶׁיִּמָּלְאוּ מִשְׁאֲלוֹת לִבֵּנוּ לְטוֹבָה, אָמֵן סֶלָה.

The reader holds the Sefer Torah while continuing:

12 מִי שֶׁעָשָׂה נִסִּים לַאֲבוֹתֵינוּ

13 וְגָאַל אוֹתָם מֵעַבְדוּת לְחֵרוּת,

14 הוּא יִגְאַל אוֹתָנוּ בְּקָרוֹב

15 וִיקַבֵּץ נִדָּחֵינוּ מֵאַרְבַּע כַּנְפוֹת הָאָרֶץ,

16 חֲבֵרִים כָּל־יִשְׂרָאֵל, וְנֹאמַר אָמֵן.

17 רֹאשׁ חֹדֶשׁ... יִהְיֶה בְּיוֹם...

18 הַבָּא עָלֵינוּ וְעַל כָּל־יִשְׂרָאֵל לְטוֹבָה.

19 יְחַדְּשֵׁהוּ הַקָּדוֹשׁ בָּרוּךְ הוּא

20 עָלֵינוּ וְעַל כָּל־עַמּוֹ בֵּית יִשְׂרָאֵל

21 לְחַיִּים וּלְשָׁלוֹם, לְשָׂשׂוֹן וּלְשִׂמְחָה,

22 לִישׁוּעָה וּלְנֶחָמָה, וְנֹאמַר אָמֵן.

VI

ADDITIONAL PRAYERS

קַדִּישׁ שָׁלֵם

אֵין כֵּאלֹהֵינוּ

עָלֵינוּ

אֲדוֹן עוֹלָם

קַדִּישׁ שָׁלֵם

There are several forms of *Kaddish* in the prayer service. They separate sections of the service. *Hatzi Kaddish* consists of lines 1-10. The *Mourner's Kaddish* leaves out lines 11 and 12. The *Kaddish*, in all forms, is an act of praising God in public. It is recited only in the presence of at least a minyan of ten adults, the minimum number required to hold a public service.

Reader

1 יִתְגַּדַּל וְיִתְקַדַּשׁ שְׁמֵהּ רַבָּא בְּעָלְמָא דִּי בְרָא

2 כִרְעוּתֵהּ, וְיַמְלִיךְ מַלְכוּתֵהּ בְּחַיֵּיכוֹן וּבְיוֹמֵיכוֹן

3 וּבְחַיֵּי דְכָל־בֵּית יִשְׂרָאֵל, בַּעֲגָלָא וּבִזְמַן קָרִיב,

4 וְאִמְרוּ אָמֵן.

Congregation and Reader

5 יְהֵא שְׁמֵהּ רַבָּא מְבָרַךְ לְעָלַם וּלְעָלְמֵי עָלְמַיָּא.

52

Reader

6 יִתְבָּרַךְ וְיִשְׁתַּבַּח, וְיִתְפָּאַר וְיִתְרוֹמַם וְיִתְנַשֵּׂא,

7 וְיִתְהַדָּר וְיִתְעַלֶּה וְיִתְהַלָּל שְׁמֵהּ דְּקֻדְשָׁא,

8 בְּרִיךְ הוּא לְעֵלָּא מִן כָּל־בִּרְכָתָא וְשִׁירָתָא,

9 תֻּשְׁבְּחָתָא וְנֶחֱמָתָא דַּאֲמִירָן בְּעָלְמָא,

10 וְאִמְרוּ אָמֵן.

11 תִּתְקַבַּל צְלוֹתְהוֹן וּבָעוּתְהוֹן דְּכָל־יִשְׂרָאֵל קֳדָם

12 אֲבוּהוֹן דִּי בִשְׁמַיָּא וְאִמְרוּ אָמֵן.

13 יְהֵא שְׁלָמָא רַבָּא מִן שְׁמַיָּא וְחַיִּים עָלֵינוּ

14 וְעַל כָּל־יִשְׂרָאֵל, וְאִמְרוּ אָמֵן.

15 עוֹשֶׂה שָׁלוֹם בִּמְרוֹמָיו, הוּא יַעֲשֶׂה שָׁלוֹם

16 עָלֵינוּ וְעַל כָּל־יִשְׂרָאֵל, וְאִמְרוּ אָמֵן.

אֵין כֵּאלֹהֵינוּ

Jews have been singing this praise of God for more than a thousand years. Originally, the song began with the question in lines 3 and 4. Later the order was changed so that the first letters of lines 1-2, 3-4, and 5-6 spell the word *Amen*. The first words of lines 7-8 and 9-10 are the first words of every Hebrew blessing. In the final sentence, we link ourselves to our ancestors, recalling the offerings they brought in ancient times.

1   אֵין כֵּאלֹהֵינוּ,   אֵין כַּאדוֹנֵנוּ,

2   אֵין כְּמַלְכֵּנוּ,   אֵין כְּמוֹשִׁיעֵנוּ.

3   מִי כֵאלֹהֵינוּ,   מִי כַאדוֹנֵנוּ,

4   מִי כְמַלְכֵּנוּ,   מִי כְמוֹשִׁיעֵנוּ.

5   נוֹדֶה לֵאלֹהֵינוּ,   נוֹדֶה לַאדוֹנֵנוּ,

6   נוֹדֶה לְמַלְכֵּנוּ,   נוֹדֶה לְמוֹשִׁיעֵנוּ.

7   בָּרוּךְ אֱלֹהֵינוּ,   בָּרוּךְ אֲדוֹנֵנוּ,

8   בָּרוּךְ מַלְכֵּנוּ,   בָּרוּךְ מוֹשִׁיעֵנוּ.

9   אַתָּה הוּא אֱלֹהֵינוּ,   אַתָּה הוּא אֲדוֹנֵנוּ,

10   אַתָּה הוּא מַלְכֵּנוּ,   אַתָּה הוּא מוֹשִׁיעֵנוּ.

11   אַתָּה הוּא שֶׁהִקְטִירוּ אֲבוֹתֵינוּ לְפָנֶיךָ אֶת־

12   קְטֹרֶת הַסַּמִּים.

עָלֵינוּ

The first passage of עָלֵינוּ affirms the uniqueness of the Jewish people and our allegiance to God alone, the Creator "who is in the heavens above and on earth below. There is no other." The second passage stresses the necessity for all people on earth to maintain ultimate allegiance only to God. Jews reciting עָלֵינוּ at the end of each service daily envision and pray for the universal recognition of God by all people united in harmony.

עָלֵינוּ לְשַׁבֵּחַ לַאֲדוֹן הַכֹּל, לָתֵת גְּדֻלָּה
לְיוֹצֵר בְּרֵאשִׁית, שֶׁלֹּא עָשָׂנוּ כְּגוֹיֵי הָאֲרָצוֹת
וְלֹא שָׂמָנוּ כְּמִשְׁפְּחוֹת הָאֲדָמָה,
שֶׁלֹּא שָׂם חֶלְקֵנוּ כָּהֶם וְגוֹרָלֵנוּ כְּכָל־הֲמוֹנָם.
וַאֲנַחְנוּ כּוֹרְעִים וּמִשְׁתַּחֲוִים וּמוֹדִים
לִפְנֵי מֶלֶךְ מַלְכֵי הַמְּלָכִים הַקָּדוֹשׁ בָּרוּךְ הוּא,
שֶׁהוּא נוֹטֶה שָׁמַיִם וְיוֹסֵד אָרֶץ,
וּמוֹשַׁב יְקָרוֹ בַּשָּׁמַיִם מִמַּעַל
וּשְׁכִינַת עֻזּוֹ בְּגָבְהֵי מְרוֹמִים. הוּא אֱלֹהֵינוּ,
אֵין עוֹד. אֱמֶת מַלְכֵּנוּ, אֶפֶס זוּלָתוֹ, כַּכָּתוּב
בְּתוֹרָתוֹ: וְיָדַעְתָּ הַיּוֹם וַהֲשֵׁבֹתָ אֶל לְבָבֶךָ,
כִּי יְיָ הוּא הָאֱלֹהִים בַּשָּׁמַיִם מִמַּעַל
וְעַל הָאָרֶץ מִתָּחַת, אֵין עוֹד.

עַל כֵּן נְקַוֶּה לְּךָ יְיָ אֱלֹהֵינוּ לִרְאוֹת מְהֵרָה 14

בְּתִפְאֶרֶת עֻזֶּךָ, לְהַעֲבִיר גִּלּוּלִים מִן הָאָרֶץ 15

וְהָאֱלִילִים כָּרוֹת יִכָּרֵתוּן, לְתַקֵּן עוֹלָם בְּמַלְכוּת 16

שַׁדַּי וְכָל־בְּנֵי בָשָׂר יִקְרְאוּ בִשְׁמֶךָ, לְהַפְנוֹת אֵלֶיךָ 17

כָּל־רִשְׁעֵי אָרֶץ. יַכִּירוּ וְיֵדְעוּ כָּל־יוֹשְׁבֵי תֵבֵל כִּי 18

לְךָ תִּכְרַע כָּל־בֶּרֶךְ תִּשָּׁבַע כָּל־לָשׁוֹן. לְפָנֶיךָ יְיָ 19

אֱלֹהֵינוּ יִכְרְעוּ וְיִפֹּלוּ. וְלִכְבוֹד שִׁמְךָ יְקָר יִתֵּנוּ, 20

וִיקַבְּלוּ כֻלָּם אֶת־עֹל מַלְכוּתֶךָ וְתִמְלֹךְ עֲלֵיהֶם 21

מְהֵרָה לְעוֹלָם וָעֶד, כִּי הַמַּלְכוּת שֶׁלְּךָ הִיא 22

וּלְעוֹלְמֵי עַד תִּמְלוֹךְ בְּכָבוֹד, כַּכָּתוּב בְּתוֹרָתֶךָ: 23

יְיָ יִמְלֹךְ לְעֹלָם וָעֶד. 24

וְנֶאֱמַר: וְהָיָה יְיָ לְמֶלֶךְ עַל כָּל־הָאָרֶץ, 25

בַּיּוֹם הַהוּא יִהְיֶה יְיָ אֶחָד וּשְׁמוֹ אֶחָד. 26

אֲדוֹן עוֹלָם

אֲדוֹן עוֹלָם is one of the most beautiful poems in our prayerbook. It was probably written in medieval times. The author is not known. The poem sings of God alone as eternal, without beginning and without end. We praise God as Redeemer and Guardian, and we express our deep trust in God in every situation throughout our lives.

---

1 אֲדוֹן עוֹלָם אֲשֶׁר מָלַךְ   בְּטֶרֶם כָּל־יְצִיר נִבְרָא.
2 לְעֵת נַעֲשָׂה בְחֶפְצוֹ כֹּל   אֲזַי מֶלֶךְ שְׁמוֹ נִקְרָא.
3 וְאַחֲרֵי כִּכְלוֹת הַכֹּל   לְבַדּוֹ יִמְלֹךְ נוֹרָא.
4 וְהוּא הָיָה וְהוּא הֹוֶה   וְהוּא יִהְיֶה בְּתִפְאָרָה.
5 וְהוּא אֶחָד וְאֵין שֵׁנִי   לְהַמְשִׁיל לוֹ לְהַחְבִּירָה.
6 בְּלִי רֵאשִׁית בְּלִי תַכְלִית   וְלוֹ הָעֹז וְהַמִּשְׂרָה.
7 וְהוּא אֵלִי וְחַי גֹּאֲלִי   וְצוּר חֶבְלִי בְּעֵת צָרָה.
8 וְהוּא נִסִּי וּמָנוֹס לִי   מְנָת כּוֹסִי בְּיוֹם אֶקְרָא.
9 בְּיָדוֹ אַפְקִיד רוּחִי   בְּעֵת אִישַׁן וְאָעִירָה.
10 וְעִם רוּחִי גְּוִיָּתִי   יְיָ לִי וְלֹא אִירָא.

VII

SELECTIONS FROM THE
FRIDAY EVENING SERVICE

מַה טֹּבוּ

מַה טֹּבוּ expresses our feeling of reverence and gratitude when we enter the synagogue. We direct our words to a compassionate God and we ask for an answer to our prayer.

1 מַה טֹּבוּ אֹהָלֶיךָ יַעֲקֹב, מִשְׁכְּנֹתֶיךָ יִשְׂרָאֵל.

2 וַאֲנִי בְּרֹב חַסְדְּךָ אָבוֹא בֵיתֶךָ,

3 אֶשְׁתַּחֲוֶה אֶל הֵיכַל קָדְשְׁךָ בְּיִרְאָתֶךָ.

4 יְיָ, אָהַבְתִּי מְעוֹן בֵּיתֶךָ, וּמְקוֹם מִשְׁכַּן כְּבוֹדֶךָ.

5 וַאֲנִי אֶשְׁתַּחֲוֶה וְאֶכְרָעָה, אֶבְרְכָה לִפְנֵי יְיָ עֹשִׂי.

6 וַאֲנִי תְפִלָּתִי לְךָ, יְיָ, עֵת רָצוֹן.

7 אֱלֹהִים, בְּרָב חַסְדֶּךָ, עֲנֵנִי בֶּאֱמֶת יִשְׁעֶךָ.

לְכָה דוֹדִי

Written in the sixteenth century, לְכָה דוֹדִי was first sung by Jews living in the city of Safed in the Land of Israel. They sang this song as they walked out into the fields or into the synagogue courtyard on Friday night to welcome Shabbat, which they thought of as a bride and a queen.

1 לְכָה דוֹדִי לִקְרַאת כַּלָּה, פְּנֵי שַׁבָּת נְקַבְּלָה.
2 שָׁמוֹר וְזָכוֹר בְּדִבּוּר אֶחָד
3 הִשְׁמִיעָנוּ אֵל הַמְיוּחָד.
4 יְיָ אֶחָד וּשְׁמוֹ אֶחָד
5 לְשֵׁם וּלְתִפְאֶרֶת וְלִתְהִלָּה.
1 לְכָה דוֹדִי לִקְרַאת כַּלָּה, פְּנֵי שַׁבָּת נְקַבְּלָה.
6 לִקְרַאת שַׁבָּת לְכוּ וְנֵלְכָה
7 כִּי הִיא מְקוֹר הַבְּרָכָה.
8 מֵרֹאשׁ מִקֶּדֶם נְסוּכָה
9 סוֹף מַעֲשֶׂה בְּמַחֲשָׁבָה תְּחִלָּה.
1 לְכָה דוֹדִי לִקְרַאת כַּלָּה, פְּנֵי שַׁבָּת נְקַבְּלָה.
10 בּוֹאִי בְשָׁלוֹם עֲטֶרֶת בַּעְלָהּ,
11 גַּם בְּשִׂמְחָה וּבְצָהֳלָה,
12 תּוֹךְ אֱמוּנֵי עַם סְגֻלָּה,
13 בֹּאִי כַלָּה, בֹּאִי כַלָּה.
14 לְכָה דוֹדִי לִקְרַאת כַּלָּה, פְּנֵי שַׁבָּת נְקַבְּלָה.

הַמַּעֲרִיב עֲרָבִים

This is the first blessing before קְרִיאַת שְׁמַע in the evening service. We praise God for the gift of Creation, aware of each day's changes, especially at dawn and at dusk. (Compare this blessing with בִּרְכַּת יוֹצֵר אוֹר on page 11.)

1 בָּרוּךְ אַתָּה יְיָ אֱלֹהֵינוּ מֶלֶךְ הָעוֹלָם,

2 אֲשֶׁר בִּדְבָרוֹ מַעֲרִיב עֲרָבִים.

3 בְּחָכְמָה פּוֹתֵחַ שְׁעָרִים, וּבִתְבוּנָה מְשַׁנֶּה עִתִּים

4 וּמַחֲלִיף אֶת־הַזְּמַנִּים, וּמְסַדֵּר אֶת־הַכּוֹכָבִים

5 בְּמִשְׁמְרוֹתֵיהֶם בָּרָקִיעַ כִּרְצוֹנוֹ.

6 בּוֹרֵא יוֹם וָלָיְלָה, גּוֹלֵל אוֹר מִפְּנֵי חֹשֶׁךְ

7 וְחֹשֶׁךְ מִפְּנֵי אוֹר, וּמַעֲבִיר יוֹם וּמֵבִיא לָיְלָה,

8 וּמַבְדִּיל בֵּין יוֹם וּבֵין לָיְלָה, יְיָ צְבָאוֹת שְׁמוֹ.

9 אֵל חַי וְקַיָּם, תָּמִיד יִמְלֹךְ עָלֵינוּ לְעוֹלָם וָעֶד.

10 בָּרוּךְ אַתָּה יְיָ הַמַּעֲרִיב עֲרָבִים.

אַהֲבַת עוֹלָם

In this second blessing before קְרִיאַת שְׁמַע in the evening service, we praise God for the love signified by the gift of Torah, God's revelation to the people Israel. We hope to rejoice in the words of Torah forever, "for they are our life and the length of our days." (Compare this blessing with בִּרְכַּת אַהֲבָה רַבָּה on pages 12-13.)

1 אַהֲבַת עוֹלָם בֵּית יִשְׂרָאֵל עַמְּךָ אָהָבְתָּ.

2 תּוֹרָה וּמִצְוֹת חֻקִּים וּמִשְׁפָּטִים אוֹתָנוּ לִמַּדְתָּ.

3 עַל כֵּן יְיָ אֱלֹהֵינוּ בְּשָׁכְבֵנוּ וּבְקוּמֵנוּ

4 נָשִׂיחַ בְּחֻקֶּיךָ,

5 וְנִשְׂמַח בְּדִבְרֵי תוֹרָתֶךָ וּבְמִצְוֹתֶיךָ

6 לְעוֹלָם וָעֶד.

7 כִּי הֵם חַיֵּינוּ וְאֹרֶךְ יָמֵינוּ

8 וּבָהֶם נֶהְגֶּה יוֹמָם וָלַיְלָה.

9 וְאַהֲבָתְךָ אַל תָּסִיר מִמֶּנּוּ לְעוֹלָמִים.

10 בָּרוּךְ אַתָּה יְיָ אוֹהֵב עַמּוֹ יִשְׂרָאֵל.

הַשְׁכִּיבֵנוּ

This is the second blessing after קְרִיאַת שְׁמַע in the evening service. (The first blessing praising redemption is similar to that in the morning service. See pages 19-20.) We praise God and ask God for peace and protection in our lives, as well as for the peace of Jerusalem.

הַשְׁכִּיבֵנוּ יְיָ אֱלֹהֵינוּ לְשָׁלוֹם, וְהַעֲמִידֵנוּ מַלְכֵּנוּ
לְחַיִּים, וּפְרֹשׂ עָלֵינוּ סֻכַּת שְׁלוֹמֶךָ, וְתַקְּנֵנוּ
בְּעֵצָה טוֹבָה מִלְּפָנֶיךָ, וְהוֹשִׁיעֵנוּ לְמַעַן שְׁמֶךָ.
וְהָגֵן בַּעֲדֵנוּ, וְהָסֵר מֵעָלֵינוּ אוֹיֵב דֶּבֶר וְחֶרֶב
וְרָעָב וְיָגוֹן, וְהָסֵר שָׂטָן מִלְּפָנֵינוּ וּמֵאַחֲרֵינוּ.
וּבְצֵל כְּנָפֶיךָ תַּסְתִּירֵנוּ, כִּי אֵל שׁוֹמְרֵנוּ
וּמַצִּילֵנוּ אָתָּה, כִּי אֵל מֶלֶךְ חַנּוּן וְרַחוּם אָתָּה.
וּשְׁמוֹר צֵאתֵנוּ וּבוֹאֵנוּ לְחַיִּים וּלְשָׁלוֹם
מֵעַתָּה וְעַד עוֹלָם. וּפְרוֹשׂ עָלֵינוּ סֻכַּת שְׁלוֹמֶךָ.
בָּרוּךְ אַתָּה יְיָ הַפּוֹרֵשׂ סֻכַּת שָׁלוֹם עָלֵינוּ
וְעַל כָּל־עַמּוֹ יִשְׂרָאֵל וְעַל יְרוּשָׁלָיִם.

קִדּוּשׁ

קִדּוּשׁ begins with a blessing which praises God as Creator of the "fruit of the vine." It is recited over wine. The word קִדּוּשׁ is related to קְדוּשָּׁה and to קַדִּישׁ. All of them call our attention to holiness. קִדּוּשׁ helps us to celebrate the holiness of Shabbat. This version of קִדּוּשׁ is chanted in the synagogue. The version chanted at home begins with verses from the Book of Genesis (1:31-2:3) and concludes with these lines.

בָּרוּךְ אַתָּה יְיָ אֱלֹהֵינוּ מֶלֶךְ הָעוֹלָם,
בּוֹרֵא פְּרִי הַגָּפֶן.
בָּרוּךְ אַתָּה יְיָ אֱלֹהֵינוּ מֶלֶךְ הָעוֹלָם,
אֲשֶׁר קִדְּשָׁנוּ בְּמִצְוֹתָיו וְרָצָה בָנוּ,
וְשַׁבַּת קָדְשׁוֹ בְּאַהֲבָה וּבְרָצוֹן הִנְחִילָנוּ,
זִכָּרוֹן לְמַעֲשֵׂה בְרֵאשִׁית.
כִּי הוּא יוֹם תְּחִלָּה לְמִקְרָאֵי־קֹדֶשׁ,
זֵכֶר לִיצִיאַת מִצְרָיִם.
כִּי בָנוּ בָחַרְתָּ וְאוֹתָנוּ קִדַּשְׁתָּ מִכָּל־הָעַמִּים,
וְשַׁבַּת קָדְשְׁךָ בְּאַהֲבָה וּבְרָצוֹן הִנְחַלְתָּנוּ.
בָּרוּךְ אַתָּה יְיָ מְקַדֵּשׁ הַשַּׁבָּת.